PIÈCES AUTHENTIQUES

CONCERNANT LE QUARTIER

DE

CHATEAU--GOMBERT

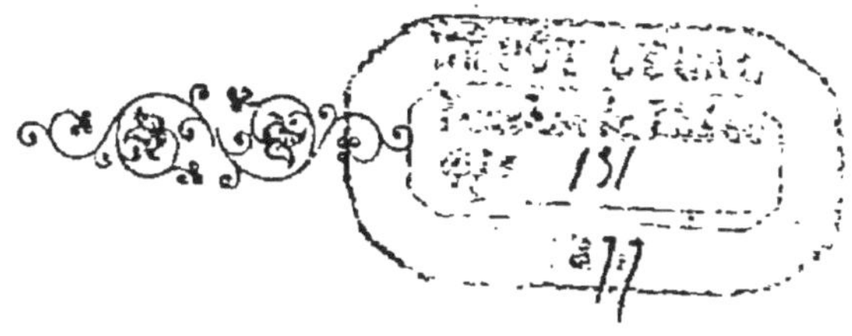

MARSEILLE

IMPRIMERIE ST-JOSEPH, RUE STE-PAULINE, 2 A.

1877

ADVERTISSEMENT

POUR LES MARGUILLIERS DE LA PARROISSE DE CHAS-
TEAU-GOMBERT, TERROIR DE MARSEILLE, ET
LES SCINDICS DES POSSEDANS BIENS AU MESME
QUARTIER, DEMANDEURS EN LETTRES ROYAUX EN
FORME DE REQ^e CIVILE ENVERS L'ARREST DU
13 FÉVRIER 1662.

*Contre Meſſire Pierre Caire, preſtre & vicaire du lieu
d'Allauch, déffendeur.*

La queſtion du procez eſt de sçauoir si l'Eglise
de Chaſteau-Gombert, terroir de Marseille, eſt
annexée à la Vicairie d'Allauch, ou si elle eſt
vne ancienne parroisse, qu'on doit rétablir en
ses fonctions pour la consolation des fidèles &
pour le salut & intereſt de leurs consciences.

Me Caire, Vicaire d'Allauch, a formé cette pretention par req^e présentée à la Cour le 22 Mars
1657, disant, qu'il y a vne Chapelle dépendante
de sa parroisse dans le quartier de Chaſteau-Gombert, que les Marguilliers de cette Chapelle ne le
reconnoissent pas pour leur Paſteur, que les
habitans vont prendre les Sacremens en autres
parts, & le priuent des droits de sa parroisse,
demande d'eſtre maintenu en la possession des

droits de sa paroisse, auec deffenses aux habitans d'aller prendre les Sacremens en autre part qu'au lieu d'Allauch sous peine d'une amende de 500 liv.

Sur cette requeſte les Marguilliers eſtant assignez, Me Caire preuua sa requeſte par quatre pieces principales : sçauoir, par vne transaction du 1 Mars 1480, par vne autre du 28 Janu. 1566, par vn arreſt du 15 Nou. 1571 & par vne transaction du 9 Juin 1595.

Par la transaction du 1 Mars 1480, il eſt dit, que au lieu d'Allauch duquel le Chapitre de la Majour eſt Seigneur temporel & spirituel de Chaſteau-Gombert annexé au terroir & diſtroit, on a accoûtumé de payer la disme en gerbes, que les habitans disent eſtre trop surchargez. Le Chapitre conuient auec les habitans que la disme sera reduite au lieu d'Allauch & Chaſteau-Gombert au vnzain, còme elle eſtoit auparauant au quatorzain, & les vins au quatorzain : de là M. Caire induisoit que l'Eglise de Chaſteau Gombert étoit annexée à celle d'Allauch. puisqu'elle étoit réglée par la même disme.

La transaction du 28 Janu. 1565. eſt passée entre le Chapitre de l'Eglise Majour de Marseille & M. A. Albaye, Vicaire d'Allauch. en faueur duquel le Chapitre règle. la portion congruë, & il eſt dit en suite. que le Vicaire procurera à son possible que l'Eglise & parroissiens du terroir d'Allauch & Chaſteau-Gombert seront seruis

aux Sacremens ainsi qu'il eſt tenu, suiuant la
la charge de son office.

L'arreſt de la Cour du 15 Nou. 1571, a eſté
rendu entre l'Econome du Chapitre la Majour &
quelques habitans de la ville de Marseille, possedans biens à Chaſteau-Gombert, lesquels pressu-
posoient eſtre exempts de disme, comme eſtans
leurs biens dans le terroir de Marseille, le Chapitre au contraire soûtenoit que les terroirs de
Marseille, Allauch et Chaſteau-Gombert auoient
eſté bornez & limitez par vn arreſt du 28 Sept.
1564, & en suite par l'arreſt il eſt dit que cette
limitation sortira son plein & entier effet, auec
deffenses aux Consuls & particuliers, de la ville
de Marseille de nommer le quartier de Chaſteau-
Gombert terroir de Marseille.

La transaction du 9 Juin 1595 eſt passée
entre le Chapitre de l'Eglise Majour de la ville
de Marseille & les habitans de Chaſteau-Gombert
par laquelle le Chapitre consent que les habitans demeurent vnis & incorporez dans le terroir de la ville de Marseille, qu'il fut planté
bornes & limites diuisoires de leur terroir de
Marseille & Allauch, composant la disme de
Chaſteau-Gombert à 500 écus sol par an, permet-
tant aux particuliers d'y baſtir vne Chapelle dans
le quartier, & l'entretenir de preſtres & seruice
diuin, sans qu'ils soient tenus d'y contribuer, se
reseruant en cas d'erection de benefice la pre-
sentation du preſtre qui sera pourueu.

Sur ces titres M. Caire soûtenoit que Chafteau-Gombert eftoit du terroir d'Allauch, que les habitans auoient efté assignez à la parroisse d'Allauch, que la permission de baftir cette Chapelle, donnée seulement en l'année 1595, ne pouuoit pas déroger au droit de la parroisse, & principalement pendant le temps que par le desordre des vicaires passez elle n'eftoit pas bien adminiftrée.

Les Marguilliers oposoient à ces raisons.

1°, Les fins de non receuoir, attendu qu'vne Eglise prescrit contre l'autre par l'espace de 40 ans.

2°, Les lettres patentes de Reymond Berenger, Comte de Prouence, du mois de Fev. 1217, par lesquelles il concede aux hommes de Chafteau-Gombert l'exemption de tous droits, met & incorpore ce quartier dans le terroir de Marseille, veut qu'il soit *territorium vnitum continuum & comprehenfum cum territorio ciuitatis Mafsiliæ*.

3°, Ils soûtenoient qu'ils n'auoient iamais reconnu la parroisse d'Allauch, & montroient les baptémes des habitans de Chafteau-Gombert faits en l'Eglise de la Majour depuis l'an 1551, iusques en l'année 1579, dix extraits de mariage depuis l'an 1575, iusques en l'année 1588, cinq procèdures d'action tutélaire & inuentaire faits par les Officiers de Marseille au lieu de Chafteau-Gombert, depuis l'an 1530, iusques en l'an 1633. sept rapports de bornes & limites faits depuis l'an 1533, iusques en l'an 1553, sept collocations faites par les Eſtimateurs de Marseille des biens situez à Chaſteau-Gombert depuis l'année 1599 iusques au 24 Aur. 1628, l'extraiĉt de la cotte des biens de la ville de Marseille, où le cartier de Chaſteau-Gombert eſt cottisé, les délibérations & réglemens faits par la communauté de Marseille, par lesquels les habitans de Chasteau-Gombert sont obligez à la garde de la ville, les aĉtes publics, où Chaſteau-Gombert eſt qualifié terroir de Marseille, les reconnaissances des biens emphytéoticaires du mesme lieu, où ils sont exprimez terroir de Marseille ; vn Inuentaire de produĉtion pardeuant le sieur Euesque de Marseille entre M. Iean Bœuf, preſtre de Chaſteau-Gombert & M. Masse, vicaire d'Allauch, contenant la pluspart de ses titres, après lesquels M. Masse se départit d'vne semblable pretention.

Ils répondoient à la transaĉtion de l'an 1480, qu'il eſtoit indifférent que la disme de Chaſteau-Gombert fut réglée comme celle d'Allauch, que cela ne preuueroit pas que ce ne fuſt qu'vne seule parroisse, & l'énonciation de l'annexe du terroir eſtoit fausse, puisque les patentes ci—dessus de l'an 1217 annexoient ce terroir à celuy de Marseille, contre la transaĉtion de 1566 : ainsi que le Chapitre ayant le prieuré d'Allauch & de Chaſteau-Gombert auoit affeĉté de ne faire qu'vn service, & que cela ne pouuoit nuire aux parroissiens.

Contre l'arreſt de l'année 1571. qui a eu ce motif de n'eſtendre pas l'exemption de la disme du terroir de Marseille à Chaſteau-Gombert, mais puisqu'il ordonne la diuision des terroirs de Marseille, Chaſteau-Gombert & Allauch, il preuue que Chaſteau-Gombert & Allauch sont diſſèrens.

Contre la transaction de l'an 1595 que par la composition de la disme à 500. écus sol, on pouuoit connoiſtre que le prieuré eſtoit aussi important que celui d'Allauch, & la permission de bàtir cette chapelle fait voir que les habitans de ce quartier, qui sont en grand nombre, auoient besoin d'vn preſtre qui leur adminiſtraſt les Sacremens.

Nonobſtant ces raisons, par arreſt du 13. Fev. 1662, la Cour sans avoir égard aux fins de non recevoir, auancées de la part des Sindics & Marguillers, dont les deboute, faisant droit à la requeſte de Me Caire, l'a maintenu en la possession et jouyssance des droits parroissiaux au dit quartier, fait deffenses à tous particuliers habitans dud. quartier, d'aller prendre les Sacremens en autre part que dans l'Eglise parroissialle d'Allauch, et des mains de Messire Caire, Vicaire.

Messire Caire s'eſt mal comporté en l'exécution de cet arreſt, car il a fait fermer l'Eglise du quartier, et quand les parroissiens l'ont faite ouurir pour y continuer les exercices il a fait fraction de porte, enleué les ornemens, changé la serrure, fait informer, et priué ces habitans de la consolation qu'ils auoient d'y ouyr la messe, il y en a mesme qui sont morts sans le secours des Sacremens, les vieillards, les femmes et petits enfans qui ne peuuent aller à Allauch ni en autre part viuent depuis 8 mois dans les ténèbres, et la priuation des myfteres.

Celà a obligé les Marguilliers de faire plus grande recherche des titres, & pénétrer le motil de l'arreft, qui ne peut eftre autre finon qu'ils u'auoient pas iuftifié que Chafteau-Gombert fuft vne parroisse diftincte & séparée de celle d'Allauch, & la Cour auoit iugé que tous les actes contraires ne pouuoint pas prescrire le droit de la parroisse.

Sur ce motif déclaré par les consultations, ils ont impetré requefte ciuile contre l'arreft, & la fondent sur les pièces nouuelles qu'on déduira, lesquelles sont telles que *eodem iuducio quo victus eft vincere potuiffe*, comme dit la loy *argentarius*] *ff. de edendo*.

Pièces nouuelles.

1°, Vn acte authentique du mois de Iuin 1163, par lequel les sieurs Euesques de Carpentras & d'Antibes, auant que cet Euesché fuft transféré à Grasse, en qualité de commissaires déléguez entre le Sr Euesque de Marseille et son chapitre, font le partage de leurs manses, & assignent au chapitre *Ecclesiam cafteli Gomberti*, & après *Ecclesias Allauchii*, preuue certaine que l'Eglise de Chafteau-Gombert ne tire pas son origine de cet oratoire, fait en l'année 1595, par la permission du Chapitre, mais c'eſtoit une parroisse aussi ancienne que celle d'Allauch.

2°, Vn aſte de mise de possession, fait le 10 Avril 1352, de la Vicairie perpétuelle du lieu de Chaſteau-Gombert en faveur de messire Pierre Amoureux, preſtre, qui en auoit éſté pourueu par Robert, E. de Marseille, ce qui preuue expressement que c'eſtoit vne Parorisse.

3°, Le synode tenu le 21 Avr. 1363, auquel il eſt dit, que *Vicarius Caſtri de Allaudio adfuit & curatus in Ecclefia Caſtelli Gomberti defuit.*

4°, Vne collation du 20 May 1388. faite par le sieur Euesque de Marseille & par le chapitre, de la Vicairie perpétuelle du lieu de Chaſteau-Gombert, où il eſt dit, par les collateurs, *attendentes quod Ecclefia Caſtelli Gomberti cui perpetua incumbit cura animarum iam,* dit : *paſtore deferta vacuerit, & ad præfens vacet caufantib. bellis & temporum calamitatibus, volentesque animabus ibidem degentibus prouidere,* on pourvoit à cette Vicairie perpétuelle M, Jean Rougier, comme vaquante par le décez de Iacques Valentin ; & en cette collation, Guillaume Bruny, Vicaire du lieu d'Allauch, eſt témoin.

5°, Vne présentation faite le 3 Ianu, 1438. par le chapitre, sur ce fondement *attendentes quod Ecclesia curata Caſtelli Gomberti tunc vacat per obitum quandam Iacobi Pomerei, vltimi poſſeſſoris,* & préſentent Messire Iacques Colombi.

6°, Vne sentence arbitrale renduë le 6 Oct. 1471,

entre la communauté d'Allauch & les possédans biens au quartier de Chaſteau-Gombert ; sur ce que la communauté vouloit contraindre quelques particuliers de Chaſteau-Gombert au payement des tailles au lieu d'Allauch, & les particuliers répondoient : *quod illud caſtrum non eſt territorium de Allaudio ſed eſt territorium vnitatem cum territorio de Maſſiliæ, ideo non tenentur omnino eiſdem hominibus contribuere aliquas tallias,* sur quoy les Sieurs Reymond de Puget et Reymond Chauffegros, iurisconsultes de cette ville d'Aix disent : *bona in Caſtro de Gomberto & eius territorio non teneri contribuere cum eiſdem hominibus de Allaudio in talliis, ſubſidiis & aliis oneribus.*

7°, Vn arreſt de la Cour tenant les grands iours à Marseille le 14 May 1551, par lequel la Cour condamne les habitans de Chaſteau-Gombert payer la disme au Chapitre des ſruiⅽts, autres que ceux qui sont écreus au terroir de Marseille, ordonne qu'il sera fait séparation des terroirs.

8°, Vn procez verbal du 3 Iuillet 1567, fait par le sieur conseill. Dardillon, commissaire de la Cour, qui distingue les terroirs d'Allauch & Chaſteau-Gombert.

9°, On produit encore de plus anciens baptistaires depuis l'an 1540. pour ſaire voir que la possession excede le siècle, & les mariagés aussi depuis l'an 1520, faits hors l'Eglise d'Allauch

Sur ces titres la req^e ciuile eſt indubitable : car ils preuuent que *ab antiquo* l'Eglise de Chaſteau-

Gombert a esté vne parroisse, & la parroisse qui a cessé ses fonctions *propter bella vel feccessum plebis* demeure paroisse, *habitu*, & reuient dans ses fonctions parce qu'elle ne peut prescrire, *cap. 4. Eccl. de parrochiis can. inter memoratos 6. quæst, 3, Cap. ad annos de præscrip. can. licet can. quicumque 16 quæst. 3. Couarruuias ad cap. possessor. parte 6. § 2. n. 2. Guy Pape qu. 193.* Ferrerius au mesme lieu, & la raison dira par laquelle la parroisse méme *habitu* ne peut être vnie, est parce qu'elle peut dire *ad actum*, ainsi que l'on voit aux pièces nouuelles que cette parroisse après plusieurs iteruales de guerres est reuenuë à ses fonctions, le droit diuin ne pouuant jamais prescrire, parce que le temps ne peut nuire au droit de Dieu, qui est l'autheur du temps, & *pater futuri fæculi.*

Outre cela, quand il y auroit moins d'actes de cette possession qu'il n'y en a pas, vn acte vaut plus *in iure conferuando,* que plusieurs *in iure quærendo,* comme dit Argentré sur les coust. de Bretagne, art. 471. & en ce fait le Vicaire d'Allauch ne produit ni baptèmes, ni mariages, ni sépultures des habitans de Chasteau-Gombert, & les Marguillers font voir par plusieurs actes qu'ils n'ont iamais pris le Baptesme ni la sépulture en lad. Eglise.

Enfin si les parroisses ont été diuisées sur le pied des jurisdictions temporelles, comme dit Platina en la vie du Pape Euariste VI. *sicut Romulus curia,* S. Isidor. tom. 1. concil. 1. Cyprian lib. 1. epist. 9. le Pape Denys en son epist. 2. dont on voit quelques fragmens, *can. in illis ciuitatib. 80. disſtinﬅ.* en telle façon que le mot de Diocése signifie une adminiſtration temporelle, *l. via C. de priuatis carcerib. inhib.* & le mot de Parroisse *iuxta habitantem l. pupillus 239. ﬀ. de verb. ſignific.* ces parroissiens qui sont diſtinﬅs & sèparez de ceux d'Allauch par leur demeure, diſtante d'enuiron vne lieuë d'Allauch, par la jurisdiﬅion & par les tailles et charges : comment peuuent-ils eſtre compris en la parroisse d'Allauch ?

Au contraire, il y a plus d'habitans à Chaſteau-Gombert qu'au dit lieu d'Allauch ; car il a enuiron mil âmes de communion, et la disme eſt plus importante, et cette seule considération obligeroit le Chapitre d'y faire vne parroisse, quand elle n'y serait pas *ab antiquo.*

Enfin, il faut toute une matinée pour aller de Chaſteau-Gombert à Allauch, et quel moyen que les vieillards, les infirmes, les femmes, les enfans aillent au sacremens en temps d'hyuer et pluuieux, quand les eaux occupent les chemins : et ces inconueniens ne sont pas légers, puis qu'il en peut coûter le salut de l'âme.

Objections de Messire Caire.

A ces pièces et raisons nouuelles M. Caire opose le liure baptiſtaire de M. Albaye, Vicaire, où il n'a trouué qu'un baptiſtaire d'André Iulie n' encore eſt-il dit qu'il a été baptisé à la Chapelle

N. Dame de Consolation, qui n'est du terroir d'Allauch : outre qu'on en produit tant d'autres de l'Eglise Majour.

Il produit encore vne sentence arbitrale de l'an 1538, qui déclare les habitans de Chafteau-Gombert, et mesmes ceux de Marseille sujets aux tailles dans le lieu d'Allauch, mais c'eft sans doute pour des biens situez à Allauch, ou bien cette sentence a efté réuoquée, car celle de l'an 1471, auoit iugé la queftion, et depuis les habitans de Chafteau-Gombert n'ont jamais payé taille, et ne la payent pas à Allauch.

Il a mis encore dans son sac vn extrait de cadaftre, mais il luy est contraire. car il ne contient autres biens que ceux qui sont situez à Allauch, et en ce cas vn habitant de Chafteau-Gombert peut bien payer taille à Allauch des biens qui y sont situez.

Enfin il fait effort sur ce que aux nouueaux synodes on n'appelle que *Cappellanum de Caftello Gomberto*, c'eft assez pour preuuer que cette Eglise a retenu quelque vestige de l'ancienne parroisse, mais l'état présent n'empêche pas qu'elle ne puisse reuenir à sa première qualité.

Pour la fortifier on a trouué une ancienne chartre d'Innocent II. de l'an 1161, laquelle confirmant en faueur de l'Eglise de Marseille ses biens et droits, exprime *villam Alaugi,* qui est Allauch, et après auoir exprimé plusieurs autres biens, il nomme *Podium quod Caftellum Gomberti vocatur.*

Et pour preuuer que nonobſttant que la parroiſſe ait diſcontinué ſes fonctions, en tout temps on y peut reuenir, on raporte la tranſacction paſſée auec le Vicaire de Peypin. ou la parroiſſé ayant ceſſé la Vicairie de Peypin ayant eſtè impetrés. par transaction du 15. Octob. 1663. elle a eſtè rétablie.

Meſſire Iean Deidier. Preſtre, a impétré de meſme façon la Vicairie de ChaſteauGomb ert, & a eſté joint en ce procéz, où il eſpère de la juſtice de la Cour le mesme effet, qui sera la consolation de tous ces habitans, & vne meilleure diſposition à leur salut, auquel l'intereſt de M. Caire ne ſe peut opoſer. Conclud comme aux écritures.

M. le Conseiller de Suffren, Commissaire.

GAILLARD.

CARTA RAIMUNDI BERENGARII

Notum sit omnibus hominibus tam presentibus quam futuris quod anno Domini millesimo ducentesimo decimo septimo indue 5 februari, Nos Raimundus Berengarii, Dei gratia Marchio et Comes Provincie et Forcalquerii, et Nos Guillerma, Dei gratia Comitassa Provincie et Forcalquerii, tutrix Raimundi Berengarii, filii mei, Comitis Provincie, attendentes et recognoscentes servicium et fidelitatem quod et quam vos probi homines habitantes, ac bona in Casto nostro de Gomberto et ejus territorio possidentes, usque nunc intulistis et adhuc credimus et speramus vos, cum hominibus Massillie, nobis et successoribus nostris inferre, bona fide et spontanea voluntate donamus et concedimus vobis et vestris successoribus et omnibus hominibus presentibus et futuris Castri de Gomberto nunc et in perpetuum permanentibus, franquesiam ab omni exactione, et donamus et concedimus vobis omnibus predictis presentibus et futuris aliqua contra, sed volumus vos esse et vestros successores inmunes et liberos ab omni vexatione et exactione, et volumus ut vos et omnes res vestre in omni terra nostra habita et habenda in omni comitatu, habito et habendo citra Durentiam et extra, in mari et in terra et in omnibus aquatibus et fluminibus, sint inmunes et liberi ab omni pedagio et usatico et lignis et

ab omnibus forcis, et volumus ne aliquis pro nobis
pedagia capiens, lesdas vel usatica in mari vel in
terra vel in fluminibus sit ausus ab omnibus predictis presentibus et futuris pedagia vel lesdas vel usatica capere; et si aliquis contra hanc donationem
et nostram cessionem venire ausus fuerit vel pre-
sumpserit, volumus itaque indignationem nostram incurrere, et volumus et declaramus dictum
Castrum de Gomberto et ejus territorium esse territorium unitum et conjunctum et comprehensum
cum territorio civitatis Massillie; volumus et declaramus quod dicti homines de Gomberto habentes et
possidentes bona in dicto Castro de Gomberto et ejus
territorio uti, frui et gaudere possint et valeant libertatibus, privilegiis, franquesiis, inmunitatibus, per
nos successores et predecessores nostros in dicto
comitatu dicte civitatis Massillie, hominibus illius
concessis et concedendis quibus usi fuere et utuntur
dicti nostri homines Massillie, eos denique immuni-
tatibus, privilegiis, franquesiis, libertatibus, ponen-
do, instituendo et inmitendo et nihilominus omnia
universa et singula arreragia in quibus teneri possent
Curie regie usque in diem presentem, ratione subsi-
diorum et impositionum quorumcumque usque nunc
in patria generalliter ordinatorum pro tempore prete-
rito hominibus jamdictis de Gomberto. Remittimus,
quitamus, pariter et donamus et has donationes et
cessiones fecit R. Berengarii, Comes Provincie et
Forcalquerii presentibus ante Pallacium civitatis
Aquensis. Comes stabat in quodam escalerie quo

facie auditur alloquerio, scilicet : Catello nunc bajulo.
Jo. de Condamina, Bertrando Aycardo, Volontatino
legista, Jacobo cancellario, Petro Augerio et Ray-
mundo Pellanco et pluribus aliis presentibus, et post
paucos dies, ego Guillerma, Dei gratia Comitissa
Provincie et Forcalquerii, concessi, donavi et lau-
davi hanc predictam donationem stans in mea salla,
istis presentibus R. de Solliers, Petro Macipo, sacer-
dote prothonotario, N. de Trans, R. de Valle, R.
Crueis, et multis aliis presentibus, et ad majorem
securitatem et firmitatem in perpetuum, ego R.
Berengarii, Comes Provincie, Forcalquerij, propriam
hanc cartam sigillari precipimus. — Et me Bertrando Rotarii, notario publico in comitatu Provincie et Forcalquerii, regia autoritate constituto,
secretariaque dicti R. Berengarii qui de promissis
et pro dictum R. Berengarii et pro Guillermam ejus
genitricem et tutricem, comitem et comitissam Pro-
Provincie et Forcalquerii, hominibus de Gomberto
concessis notam ex eis patentibus feci, et ab eisdem
hoc presens translatum scriptum extraxi et manu
mea propria subscripsi, et soubsignam in fidem pre-
missorum, parte dictorum hominum de Gomberto
requisitus. Rotarii, notarius. — Hanc autem coppiam
sine translatum, ego Urbanus Arbaudi, notarius
publicus in comitatibus Provincie, Forcalquerii et
aliis ubique. terrarum imperiali constitutus et
primius Curie scriba. in exequtione ordinationis
supra per dictum dominum vicecamcellarium inde
facte per alium scriptorem mihi, fidele ne aliis nego-

s occupato, scribi et transcriri feci, vigore gratie
hi benigne concesse, facte inde cum premisso
iginali, hic me subsripsi et signavi in fidem
emissorum. Arbaudi. — Collationné à une cer-
ne pièce antique en papier tort uzé et sellon
tographe dicelle, par moy notaire et secretere
Roy, le septième jour de janvier lan mil cinq
ns cinquante un. Cherruyer.

Lettres-patentes d'Henri iii

HENRY, par la grace de Dieu roy de France et de Navarre, compte de Provance, Forcalquier et terres adjassantes a nos amés e feaux les gens de nos comptes et archifs en notre pays et Comté de Provance. Sallut et dilection. Nos chers e bien amés les consuls, manans et habitans de´ notre ville de Marseille nous ont fait remonstrer que de longue antiquité feus nos prédecesseurs Contes dudit Provence pour certaines bonnes causes et raisons auroient par leurs lettres et chartes vérifiées et enregiftrées en nos dites chambres et archifs vouleu et déclaré les chastel et territoire de Gombert prés ledit Marseille eftre du territoire de notre dite ville et cité de Marseille et de tels et semblables priviléges et tels auroient toujours efté tenus cencés et reputés. Toutes fois à loccasion et au temps des guerres ayant eu cours en notre royaulme mesme auxdits pays et comté, les archifs et registres anciens auxquels eftoient inscrips et enregiftrés lesdits chartres et priviléges auroient efté bruslés ou autrement perdus tellement quil nen est demeuré que quelques anciennes coppies ou vidimus deuemant collationnés aux originaux produits par lesdits supplians, lesquelles sont y attachées soubs le contre scel de notre chancellerie, et pour ce que par succession de temps ils pourroient semblablement deperir et eftre perdus ce qui pourroit tourner au grand prejudice et interest de nous et des dits exposans, ils requeroient volontiers pour la concervation de notre interest et le leur lesdistes lettres et chartres ou coppies dicelles eftre inscriptes æt enregistrées ainsi que au precedant et quil est en tel cas requis et accouftumé des dits archifs et chambres de nos dits comptes, mais ils doubtent que faissiez difficulté a ce les recepvoir sans avoir sur ce nos lettres a ce requises et nécessaires humblement requerant icelles, POUR CE EST IL que nous inclinant à la supplicacion et requeste desdicts exposans et pour la conservacion de nos interest et celui desdits exposans respectivement lesdites lettres et chartres anciennes demeure ainsi que en tel cas est requis a perpetuel et exemplaire memoire, VOUS mandons, commandons et expressement enjoignons par ces présentes que voulons vous eftre présentées et signiffiées a cest effait par le premier notre huissier ou sergent sur ce requis sans demander lettres de visa, placet ou parcatis, jusques après son exploit fait, vous procediez bien et deuement a enregistrer et inscripre ou faire enregistrer et inscripre en nosdits archifs et registres de notre dite chambre lesdites chartres et lettres anciennes ou coppies, vidimus ou extraits dicelles pour valloir et servir à nous et auxdits supplians en temps et lieu ce qui appartiendra par raisons. pourveu toutes fois que dudit vidi-

mus on ne se pourra ayder à lencontre de nous,
et a se faire souffrir ; contraignez ou faites contraindre résolument et de faict tous ceulx quil appartiendra et pour ce seront a contraindre par toutes voyes
manière deubes et raisonnables en tel cas requises,
nonobstant oppositions ou appellations quelconques
faictes ou a faire, sans préjudice dicelles pour lesquelles ne voulons eftre différé. CAR TEL EST
NOTRE PLAISIR. Que ce faire vous avons donné
et donnons plain pouvoir, puissance, commission,
authorité et mandement spécial par ces dites présentes, mandons et commandons à tous nos justi-
ciers, officiers et subjets que a vous en ce faisant
soit obei. Donné a Clery, le xvii jour de janvier lan
de grace quinze cent cinquante un et de notre
reigne le cinquième. Par le Roy vous presant,
Delaubespine.

Teneur de l'Exploit de l'Huissier

Lan quinze cent cinquante deux après la nativité de Notre Seigneur et le douizème de febvrier, certiffie je huissier de la chambre des comptes soubssigné que en vertu de lettres patantes du Roy notre sire, comte de Provence, a moy presantées par Me Antoine Fabre d'Aups, procureur en la cour du Parlement de Provence sceant à Aix et à la requeste des consuls, manans et habitans de la ville de Marseille, lesdites lettres données à Clery, le dix septième jour de janvier lan de grace quinze cent cinquante un et de notre reigne le cinquiesme, et au plus bas eſt escript Par le Roy vous presant, signé Delaubespine, et scellées de cire jaulne a simple queue et icelles lettres ay receues avec honneur et révèrance que sapartient et avoir incontinant faict le commandement mantionné auxdites lettres et signiffié à messieurs les auditeurs et archivaires de ladite chambre personnellement trouvés en ladite Chambre, a savoir Mes Louis Borrely, Balthezar Albert et Honoré Clari, de enregistrer es registres des archifs du Roy notre dit Sire les lettres si dernier attachées, lesquelles lettres ont lues de mot à mot et après les avoir lues m'ont fait responce quils eſtoient preſts à obéir au commandement à eulx fait, en vertu des lettres dudit sire et leur ay faict ledit commandement à la paine de vingt cinq livres tournois audit sire à apliquer, et ce ay faict, en présence de Gilles Laigneau, clerc habitant d'Aix tesmoing a ce par moy requis. Signé : P. Regnard.

Extrait des archifs du Roy en son pays de Provence et du registre produit en iceux conservé et de son fuillet ij^clxxij, et a icelui collationné par moy, auditeur des comptes. Signé : Malbec.